Education for a New Era

Design and Implementation of K–12 Education Reform in Qatar

Executive Summary

Dominic J. Brewer • Catherine H. Augustine • Gail L. Zellman • Gery Ryan
Charles A. Goldman • Cathleen Stasz • Louay Constant

Prepared for the Supreme Education Council

The research described in this report was prepared for the Supreme Education Council and conducted within RAND Education and the RAND-Qatar Policy Institute, programs of the RAND Corporation.

Library of Congress Cataloging-in-Publication Data

Education for a new era : design and implementation of K–12 education reform in Qatar / Dominic J. Brewer ... [et al.].

p. cm.

Includes bibliographical references.

ISBN-13: 978-0-8330-4007-7 (pbk. : alk. paper)

1. Education—Qatar. 2. Education and state—Qatar. I. Brewer, Dominic J.

LA1435.E38 2006

370.95363—dc22

2006027019

Executive Summary

ISBN 978-0-8330-4165-4

The RAND Corporation is a nonprofit research organization providing objective analysis and effective solutions that address the challenges facing the public and private sectors around the world. RAND's publications do not necessarily reflect the opinions of its research clients and sponsors.

Cover photographs courtesy of Supreme Education Council, Omar Bin Al Khatab Independent Secondary School for Boys, and Al Israa Independent Primary School for Girls.

Published 2007 by the RAND Corporation

1776 Main Street, P.O. Box 2138, Santa Monica, CA 90407-2138

1200 South Hayes Street, Arlington, VA 22202-5050

4570 Fifth Avenue, Suite 600, Pittsburgh, PA 15213-2665

RAND URL: http://www.rand.org/

To order RAND documents or to obtain additional information, contact Distribution Services: Telephone: (310) 451-7002;

Fax: (310) 451-6915; Email: order@rand.org

Preface

The leadership of the Arabian Gulf nation of Qatar sees education as the key to Qatar's economic and social progress. Long concerned that the country's education system was not producing high-quality outcomes and was rigid, outdated, and resistant to reform, the highly committed Qatari leadership approached the RAND Corporation in 2001, asking it to examine the kindergarten through grade 12 (K–12) education system in Qatar and to recommend options for building a world-class system consistent with other Qatari initiatives for social and political change, such as wider opportunities for women. After accepting a specific system-wide reform option, the leadership then asked RAND to further develop the option and support its implementation. This work, which proceeded for four years, provided RAND with the unique and exciting opportunity not only to observe a major reform undertaking from the ground level, but to participate in the process as well.

To make this work accessible to a wide audience, three related documents have been prepared:

- A monograph: *Education for a New Era: Design and Implementation of K–12 Education Reform in Qatar.* This document is available in English as RAND MG-548-QATAR.
- An executive summary: *Education for a New Era, Executive Summary: Design and Implementation of K–12 Education Reform in Qatar.* This document provides both an English and an Arabic version under one cover; it is available as RAND MG-548/1-QATAR.

- A research brief: *A New System for K–12 Education in Qatar*. This document is available in English as RAND RB-9248-QATAR and in Arabic as RAND RB-9248/1-QATAR.

All three of these documents are available in full-text versions on the RAND Web site: www.rand.org.

The monograph analytically describes, based on RAND's experiences in this effort, the first phase of Qatar's K–12 school reform initiative, called *Education for a New Era*. It follows the initiative from its inception in 2001 to the opening of the first generation of the new, Independent schools in Fall 2004; it also provides a brief update on developments after that date. However, this description cannot do justice to all the contributions of the many Qataris, Qatari organizations, and international consultants and contractors that took part in this very ambitious reform effort. In consequence, this document distills and summarizes the experiences of all these participants, with topics chosen primarily for a policy audience.

The material should be of particular interest to education policymakers, researchers, and scholars whose focus is on education policy and reform, system design, curriculum development, assessment, and implementation. It should also be of interest to those concerned with education, human capital, and social development in the Middle East. Again, it should be noted that it was not possible to convey all that occurred in the reform effort, nor to do full justice to all participants' efforts.

More detailed information about the reform can be found at Qatar's Supreme Education Council Web site: http://www.education.gov.qa (Arabic version, with a link to the English version). Further information about the RAND project supporting the reform initiative can be found at www.rand.org/education.

The RAND-Qatar Policy Institute (RQPI) is a partnership of the RAND Corporation and the Qatar Foundation for Education, Science, and Community Development. The aim of RQPI is to offer the RAND style of rigorous and objective analysis to clients in the greater Middle East. In serving clients in the Middle East, RQPI draws on the full professional resources of the RAND Corporation. For further information on RQPI, contact the director, Dr. Richard Darilek. He can be reached by email at redar@rand.org; by telephone at +974-492-7400; or by mail at P.O. Box 23644, Doha, Qatar.

The work reported here was carried out by RAND Education, a unit within the RAND Corporation, and was funded by the State of Qatar. For more information about this monograph, contact Dr. Charles A. Goldman, Associate Director, RAND Education. He can be reached by email at charlesg@rand.org; by telephone at +1-310-393-0411, extension 6748; or by mail at RAND Corporation, 1776 Main Street, Santa Monica, California 90401, USA.

Executive Summary

The leadership of the Arabian Gulf nation of Qatar, like that of many other countries, views education as the key to future economic, political, and social progress. In 2001, Qatar's leaders sensed that system-wide school reform was needed to position Qatar for the future. Innovations to reform the public school system had been tried in the past, and some had been successful on a small scale. However, the leadership thought that the nation's school system was not producing high-quality outcomes for Qatari students in terms of academic achievement, college attendance, and success in the labor market. The leadership also wanted to make changes in the education system that were consistent with other initiatives for social and political change, such as the move toward increasing democratic rule and wider opportunities for women.

In Summer 2001, the State of Qatar's leadership asked the RAND Corporation to examine the K–12 (kindergarten through grade 12) school system in Qatar. RAND's task was to examine critically the entire system of Qatari schooling, both government run and private, at the pre-college level. The initial RAND project had four goals:

1. Understand and describe the current system.
2. Identify problems with the system.
3. Recommend alternative reform options to improve the system.
4. Devise a plan to implement the chosen reform option.

RAND's analysis pointed to two main pursuits for reform: improve the education system's basic elements through standards-based reform and devise a plan to deal with the system's overall inadequacies. The highly committed Qatari leaders were willing to consider radical and innovative solutions, and they offered RAND a unique and exciting opportunity to help design and build a new education system. After considering various reform options, the Qatari leaders decided on a charter school model, known as the Independent School Model, which aims to improve education in Qatar by generating a variety of schooling alternatives with differing missions, curricula, pedagogical practices, and resource allocation models.

This Executive Summary describes the process of developing the design for Qatar's school system reform and focuses on the initial years of implementation.

Examining the Existing System

At the time of the RAND study, the Qatari K–12 education system served about 100,000 students, two-thirds of whom attended schools that were government financed and operated. The highly centralized Ministry of Education oversaw all aspects of public education and many aspects of private education. There were several strengths in the existing system. Many teachers were enthusiastic and wanted to deliver a high-quality education; some of them exhibited a real desire for change and greater autonomy. Additionally, parents appeared open to the idea of new schooling options. But the weaknesses in the existing system were extensive.

Lack of Vision or Goals for Education

When the Ministry of Education was founded, in the 1950s, the emphasis was on building a school system that would provide free education to a largely illiterate population. Thus, the design for the system was highly centralized, following the Egyptian model, and it was largely successful in providing essential basic education to the population and improving literacy rates. However, over the years, the Ministry expanded the system without questioning its structure or developing guiding principles for its operation. Departments, procedures, rules, and processes were added in piecemeal fashion without considering the system as a whole. The Ministry also lacked purposeful organizing principles, and the Ministry's hierarchical structure did not foster improvement.

Unchallenging and Outdated Curriculum

The Ministry mandated the school curriculum and provided all textbooks. It also provided a curriculum guide to which teachers had to adhere and in which they had to record, on a daily basis, minute details of each lesson taught. The curriculum in the government (and many private) schools was outmoded and emphasized rote memorization, leaving many students bored and providing little opportunity for student-teacher or student-student interaction. The Ministry incrementally updated the curriculum on a rigid schedule, reviewing and revising each subject at one grade level each year. Thus, for example, a grade 5 science text would be revised only about every 12 years. Teachers who chose to provide different examples or exercises had to spend their own money on any additional materials and still had to teach the lesson plan for that particular day. Creativity was implicitly discouraged.

Lack of Performance Indicators

Although teachers were held accountable for executing the centralized curriculum, no one was held accountable for student performance, and no attempt was made to link student performance with school performance. The scant performance information that was provided to teachers and administrators meant little to them because they had no authority to make changes in the schools.

Lack of Investment

Finally, although Qatar has a high per capita income, the national investment in education was small. Many school buildings were in poor condition, and classrooms were overcrowded, with 40 to 50 students crammed side by side into spaces designed for fewer than half this many. Schools lacked modern equipment, such as computers and other instructional technologies, as well as basic supplies.

Teachers received low pay and little professional development. Most male teachers were expatriates, and while their average salaries were higher than those of teachers in Saudi Arabia, they were 20 percent lower than those of teachers in other Gulf Cooperation Council (GCC) countries. Teachers could be moved from school to school with little advance notice and no consultation, and did not appear to receive the training they needed.

Designing the New System

Most of the system's weaknesses were already well known in the country; and previous modernization attempts, which had been successful in introducing specific innovations, had lacked the strong vision and clear implementation strategy necessary to improve the whole system.

Together, the extensive concerns about the system as a whole and the past failures to introduce sustainable improvement argued for system-changing solutions, plus a well-articulated implementation plan. The system-changing solutions were appropriate because they would entail creating new institutions to expand the range of education services provided. Moreover, a key assumption underlying system-changing designs is that the new institutions will produce the desired results and, at the same time, motivate existing institutions to improve their performance.

A Standards-Based System

RAND recommended that no matter what else was to occur, the basic education elements of a standards-based system had to be put in place. The most fundamental need was clear curriculum standards oriented toward the desired outcomes of schooling. The new system's curriculum, assessments, and professional development would all have to be aligned with these clear standards, which would cover both content (what students should be taught in each grade) and performance (what students should know by the end of each grade). However, the standards would not dictate or even propose the curriculum itself, nor prescribe how information and skills were to be conveyed. To promote continuous improvement within the standards-based system, the reform design called for education data to be collected, analyzed, and disseminated to the public.

New Governance Structure

These basic elements of a standards-based system—standards, curriculum, assessments, professional development, and data use—can be managed using different governance systems, ranging from centralized to decentralized and from limited choice and variety to significant choice and variety. RAND presented three governance options to the Qatari leadership for discussion: a Modified Centralized Model, which upgraded the existing, centrally controlled system by allowing for some school-level flexibility with or without parental choice of schools; a Charter School Model, which encouraged variety through a set of schools independent of the Ministry and which allowed parents to choose whether to send their children to these schools; and a Voucher Model, which offered parents school vouchers that could be used to send their children to private schools and which sought to expand high-quality private schooling in Qatar. The Qatari leadership decided to proceed with the second option, which was then refined and given a new name—the Independent School Model.

The Independent School Model was to focus on well-aligned standards, curriculum, assessments, and professional development, and would promote four principles:

1. *Autonomy.* Independent schools operate autonomously, subject to the conditions specified in a time-limited contract.
2. *Accountability.* Independent schools are held accountable to the government through regular audits and reporting mechanisms, as well as student assessments, parental feedback, and other measures.
3. *Variety.* Interested parties may apply to operate schools, and diverse schooling options are to be offered, since each Inde-

pendent school is free to specify its educational philosophy and operational plan.
4. *Choice.* Parents are allowed to select the school that best fits their child's needs.

The adoption of these principles was notable because such principles rarely characterize government education systems in the region. Taken together, these principles constitute a fundamentally different approach to the provision of education.

Implementation Plan

RAND developed a detailed plan for implementing the chosen reform model. This plan specified four new government institutions, three permanent and one temporary, that would aid in changing the power and authority within the system:

- *Supreme Education Council (SEC).* A permanent institution responsible for setting national education policy.
- *Education Institute.* A permanent institution responsible for overseeing the new, Independent schools and allocating resources to them; developing national curriculum standards in Arabic, mathematics, science, and English; and developing teacher training programs to ensure a supply of qualified teachers for the new schools.
- *Evaluation Institute.* A permanent institution responsible for monitoring student and school performance in both Ministry and Independent schools; designing and administering national tests in the four subjects specified above; developing and conducting surveys of students, teachers, parents, and principals; producing annual "school report cards"; performing special studies on the schools and the reform's progress; and operating the national education data system.
- *Implementation Team.* A temporary institution responsible for helping to establish the other institutions and for performing oversight, coordination, and advisory functions during the transition to the new system.

The new system was designed to run in parallel with the existing Ministry system (see Figure 1). Ministry staff and Ministry-operated schools would be unaffected for the most part during the early years of the reform. In consequence, parents could exercise real choice as to whether to send their children to the new schools or keep them in the Ministry or private schools. To promote flexibility, the two new Institutes were intended to be less reliant than the Ministry on rules and hierarchy and to employ a relatively small number of staff. Employees of the new Institutes would be expected to support collaboration, teamwork, individual creativity, initiative, and personal accountability.

The timeline for implementing the reform involved three distinct but overlapping phases (see Figure 2). In Phase I, which was to begin in Fall 2002, the Implementation Team would establish the Education and Evaluation Institutes and hire key personnel. The Institutes and their Offices would begin to build the organizational and policy infrastructure needed to support the opening of the first Independent schools, and the legal authority of the SEC and the Institutes would

Figure 1
Organization of Qatar Education System

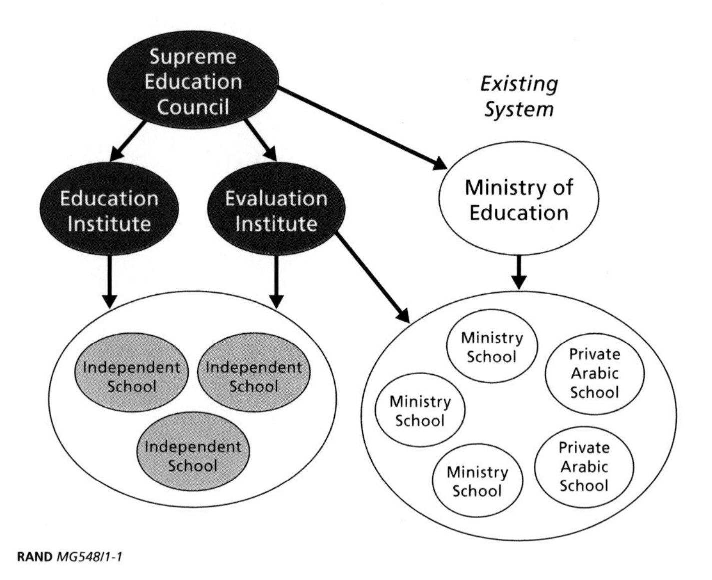

RAND *MG548/1-1*

Figure 2
Timeline of School Reform Phases

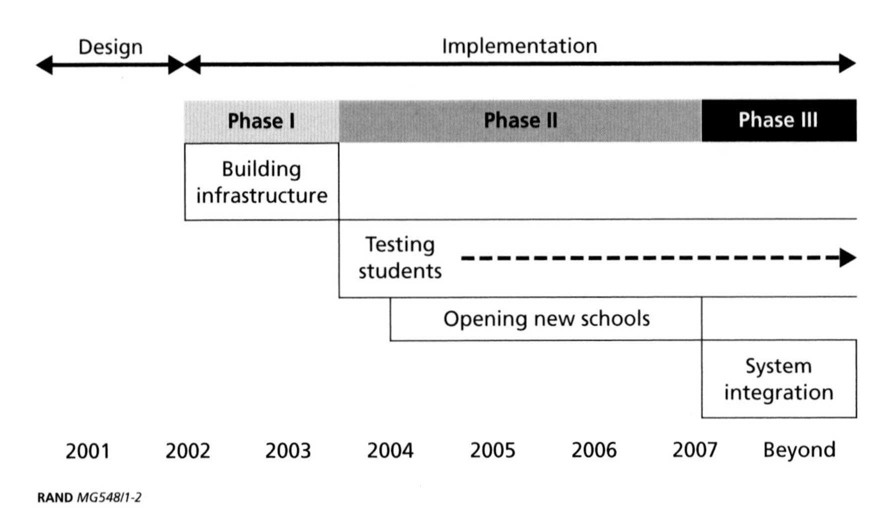

RAND *MG548/1-2*

be established. Additionally, key products for supporting the reform would be developed: curriculum standards, standardized national tests, and a national education data system.

Phase II was to begin in early 2004 with the first national administration of student tests and school education surveys. The first generation of Independent schools would open in September 2004, after which each subsequent September would see another generation of Independent schools open. This phase could take from three to seven years.

Phase III was to entail integration of the elements of the new system. At this point, the Qatari leadership would have to determine whether the entire education system would retain its parallel structure. This decision would depend on the course of the reform and the Ministry's response to it.

Implementing the New System

In 2002, the Qataris began implementing the reform. The accomplishments can be briefly described in terms of four areas.

Building the Organizational Structure

An essential first step in implementing the reform was to establish an institutional framework for the education system (see Figure 1, above). But even before an organizational structure could be established, a legal structure had to be put in place to formally define and empower the agencies charged with formulating education policies and initiating and monitoring the reform.

In Qatari law, the instrument for enacting legislation is the Emiri Decree. In November 2002, "Law Decree No. (37) of the Year 2002, Establishing the Supreme Education Council and Delineating its Jurisdictions," was enacted, paving the way for the reform's activities to proceed. Per this decree, the SEC would oversee the Education Institute and the Evaluation Institute, thereby overseeing the entire reform effort. It would also oversee all other education enterprises in Qatar, including the Ministry of Education. In March 2003, the reform was publicly launched as *Education for a New Era*; the SEC met for the first time on March 3, 2003.

The Implementation Team served an important early coordination function. But the reform's rapid pace and large size soon rendered the task of handling the numerous aspects of coordination difficult and overly time-consuming. In April 2003, when the Implementation Team had existed for six months, its meeting process had become so cumbersome that the SEC agreed to dissolve the team. Thereafter, the Institute directors were expected to work with contractors and bring major issues to the SEC.

A broad range of activities went into establishing and developing the Education and Evaluation Institutes. Qualified and credible people had to be identified and recruited for key leadership roles; staff had to be hired for the Institutes; facilities had to be found. Also, once the Institute staff were in place, they, working with RAND, had to complete key tasks and establish processes for other tasks, such as the hiring of outside contractors.

Developing Curriculum Standards and Supporting Their Implementation

Challenging curriculum standards were an essential element of the reform's design. They not only had to provide the basis for the standards-based education system, they also had to define the expectations for student learning and performance.

The design recommended that content and performance standards be developed in four subjects: Arabic, English, mathematics, and science. As the national language, Arabic was an obvious choice, and English was deemed important for use in the labor market and to prepare students for postsecondary education abroad. Mathematics and science were seen as important because of the modern world's emphasis on science and technology, as well as Qatar's specific need for engineers in the oil and gas industries.

In May 2003, the Education Institute staff and RAND selected CfBT (at the time, the Centre for British Teachers; now, CfBT Education Trust) to develop the curriculum standards. After the CfBT teams completed drafts, independent experts reviewed the drafts and provided input into the final standards.

Qatar now possesses curriculum standards in Arabic, English, mathematics, and science for all 12 grades. These standards are comparable to the highest in the world, and the mathematics and science standards are published in Arabic and English to make them accessible to all educators. Of particular note are the new standards for the study of Arabic, which stress practical language skills using a range of texts from a wide variety of sources.

These curriculum standards do not dictate what curriculum an Independent school must adopt to meet the established, high national standards. This ability of each Independent school to choose its own curriculum is one way in which the standards promote two of the key principles of the reform—autonomy and variety. The curriculum standards also promote a third key principle—accountability—in that many of the learning objectives established by the standards for the different subjects are measured by assessments integral to the accountability system.

Developing the Assessment System

The Evaluation Institute was charged with developing a wide-ranging assessment system in Qatar that would allow parents to gauge the performance of different schools while also allowing policymakers to monitor school quality. This assessment system, which became known as the Qatar Student Assessment System (QSAS), was designed to serve three broad purposes:

1. Provide information to the public about school performance in order to motivate school improvements and promote informed parental school choice.
2. Provide feedback to teachers to help them tailor instruction to support the needs of their students.
3. Provide policymakers with a national picture of how well students perform relative to the curriculum standards.

The assessment has two main components, standardized testing and surveys.

Standardized Testing. The reform called for a standardized end-of-year examination to be administered annually to students in grades 1–12. The process of developing national tests for the different grade levels was an enormous task, and one that had never been undertaken in Qatar.

Development of the examination, known as the Qatar Comprehensive Educational Assessment (QCEA), began in 2003 with the recruitment of test developers. The Educational Testing Service was selected to develop the Arabic and English tests, and CTB was selected to develop the mathematics and science tests.

A number of design issues for the test had been decided early on. With support from a RAND analysis, the Evaluation Institute determined that all students in grades 1–12 would be included in the assessment. It was also decided that assessments would be administered solely in Arabic in the early years of the reform, but that beginning with the 2006 QCEA, the mathematics and science assessments would be made available to schools in either English or Arabic, depending on their language of instruction. Because the curriculum standards would not be available by the time the first tests were administered, a two-stage plan was adopted for developing the assessments: initial instruments and fully aligned instruments.

The QCEA was first fielded in Spring 2004 to document achievement levels before the reform's Independent schools began to open. This was the first time that students in all grades in Qatar's publicly funded schools were tested in a systematic, standardized way. Some private schools were also included in the testing. About 85,000 students in the Ministry schools and private Arabic schools participated.

The tests were then upgraded and repeated in 2005 and 2006 as part of the ongoing accountability system. The 2005 QCEA upgraded the test instruments in two key ways: tests were aligned with the newly completed curriculum standards, and tests introduced several new item formats and procedures, such as more "constructed-response" items (which require short written responses) and a performance task requiring students to listen and extract information.

Surveys. While the tests were being developed, surveys and school observation instruments were developed to complement the assessments. The Evaluation Institute contracted the National Opinion Research Center at the University of Chicago to develop the surveys in cooperation with Institute and RAND staff.

In Spring 2004, the Institute administered these surveys to many stakeholders in the K–12 education system—school administrators, principals, teachers, social workers, and students and their parents. These surveys represent the first systematic attempt to document key aspects of the education system in Qatar, including teaching practices, aspirations for student achievement, and opinions about schooling. Responses were received from 232 schools, more than 8,600 teachers, more than 68,000 students in grades 3–12, and nearly 40,000 parents.

In March 2005—less than three years after the official launch of the reform—the SEC and the Evaluation Institute publicly reported the first results from the surveys and assessments. The surveys were upgraded and repeated in 2005 and 2006. Similarly large numbers of stakeholders responded to the subsequent survey administrations, thereby generating the beginning of a valuable time series of data on important aspects of the Qatari education system.

Establishing the Independent Schools

In Fall 2003, the Education Institute set about developing guidelines and policies for the Independent schools, selecting schools and operators, and supervising renovations to prepare for the opening of the first generation of Independent schools in Fall 2004. As with other aspects of the reform's implementation, the timeline was exceedingly short. The first generation of Independent schools would open eight and one-half months after a group of operators was identified.

Many tasks needed to be accomplished to establish the Independent schools. These ranged from the task of developing policies and funding mechanisms for the new schools to that of establishing the most basic physical operations, such as preparing school facilities for opening day.

Guidelines. The Independent school guidelines had a dual purpose: constitute the policies and procedures for operating an Independent school, and provide a structure for the application to open a school and for school operators' required end-of-year reports. To maximize the potential for variety and innovation in the new schools, the guidelines were designed to give applicants a great deal of latitude in devising their school education plans. The contract application required that several components of an overall operation and education plan for the school be specified, including the governance structure, a detailed academic and financial accountability plan, a self-evaluation plan, and a financial reporting system. The education plan had to include a mission statement, admission standards and selection criteria, policies for grade retention and graduation, and an explanation of student support services.

Funding mechanisms. At the same time, the Education Institute and RAND worked together to develop a finance handbook to inform school-operator candidates of procurement and accounting procedures and to help them develop their school budgets. The handbook specified funding mechanisms for the schools, including per-pupil operating rate (PPOR), start-up funding, and possible special grants. Each Independent school would receive government funds based on the number of eligible students multiplied by the PPOR, which increased in accordance with the general education level (elementary to preparatory to secondary). This amount could be increased by special grants, which were awarded to address school needs ranging from special laboratory equipment to transportation.

Recruitment of organizations to support the schools. The Education Institute, with RAND's support, searched worldwide for organizations with experience in charter schools and education management that could send school support teams to live in Doha and work with staff in Independent schools. After an international search, the Education Institute contracted with four school support organizations: Multiserve (New Zealand), Mosaica (United States), CfBT (Britain), and Gesellschaft fuer Technische Zusammenarbeit (Germany). Each support organization had to commit significant staff on-site in Doha to assist the school operators with every aspect of their planning and implementation through the end of the first year of operation.

Selection of schools and school operators. The Education Institute, working with RAND, developed a set of criteria for selecting a pool of Generation I candidate schools from among the Ministry schools. Potential school operators responded enthusiastically to the call to open schools. The Education Institute selected operators for the first generation of schools—the 12 Independent schools that opened in Fall 2004—from a pool of 160 initial applicants; all 12 opened under three-year renewable contracts. The Charter Schools Development Center, a U.S.-based organization, was hired to conduct training workshops to help candidates understand the requirements set out in the application guidelines.

Preparation of school facilities. Over the summer of 2004, the Education Institute renovated the school facilities to prepare them for opening day. The facility modifications focused on upgrades to older buildings plus the addition of computer laboratories, libraries, and sun protection over open spaces.

Response of parents to the schools. These schools were very popular with parents, and most of them had waiting lists of students who wanted to attend. This strong demand for places in the new schools caused most of the operators to ask the Education Institute for permission (which they received) to increase their student capacity. In 2005, 21 additional Independent schools opened; in 2006, 13 more.

Challenges

As is usual in a reform this ambitious and rapid, there were challenges. Many of them were anticipated, but others emerged during the process.

Maintaining a system-wide perspective. One ongoing, key challenge was that of maintaining everyone's focus on the interrelated changes to the whole system, especially as the number of staff and contractors expanded. The reform's design recognized this challenge, calling for the SEC and Implementation Team to be responsible for these larger considerations. The SEC (at an overall level) and the Implementation Team (at a working level) coordinated tasks, monitored progress, and identified the need for mid-course corrections. When the Implementation Team was dissolved because it had proved too burdensome for its members, an important and useful mechanism for keeping the many reform programs aligned with the original vision was lost.

Building human resource capacity. The literature on implementation points to lack of capacity as a major barrier to success. The capacity issue is perhaps more extreme than usual in Qatar, because most education professionals have experience only in the Ministry system, which operates under principles very different from those of the reform. Some educators were encouraged to leave the Ministry, become oriented to the reform's principles, and receive continuous support aimed at promoting new ways of working. In addition, specialized expertise not available in Qatar was needed to implement some of the reform's components, including the large-scale standardized testing program and the curriculum standards.

The design of the reform and the implementation strategy attempted to respond to these limitations in two ways: by specifying that the SEC and Institutes should have few levels of hierarchy and by stressing the importance of recruiting strong leaders to operate the reform. The strategy also emphasized the importance of providing teachers and school personnel with the professional development they would need to work according to the reform's principles.

While each of these strategies was successful during implementation, two aspects of the strategies were affected by Qatar's small population: Staff and contractors had to be recruited from around the world to fill specialized positions, and attracting enough experienced expatriates for all of the positions proved challenging.

Engaging stakeholders through communication. The reform's ambitiousness and scope made the task of communicating its vision to the many constituencies interested in the education system a challenging one. Early in the implementation, the SEC established a Communications Office and engaged a U.S.-based communications strategy contractor, Lipman Hearne, to develop a strategy and plan for communications. The Communications Office implemented many activities, including a bilingual website, a series of letters to parents, and publications, such as an annual report on the reform's accomplishments and press releases on key developments and public and media events.

But these activities were sometimes hampered by too few spokespersons for the reform, especially in the beginning. The reform's leaders were initially absorbed in many programmatic tasks, which hindered them from finding time for public communication. In addition, the SEC members served part time and had significant primary responsibilities in other sectors of Qatari society. Over time, the reform's leaders put more emphasis on public communication, appearing in public, attending events, and speaking in the media. The Communications Office also added new products to provide information about the reform's progress and to offer evidence that the reform was needed to improve student learning.

Encouraging operators to open schools. The initial advertisement for school operators resulted in 180 applicants, 60 of which were invited to orientation sessions. This response suggested that interest in the idea of operating Independent schools was significant. The challenge lay not in recruiting sufficient numbers of school operators, but in ensuring that those selected had the skills, persistence, and plans to succeed.

The Education Institute faced a constant challenge in trying to encourage and support operators, most of which had no prior experience operating a school. To reduce the barriers to starting a school, the Institute took responsibility for locating and renovating school buildings to modern standards for learning. It also provided some start-up funds to defray operators' expenses prior to their schools' openings. Each operator was matched with a school support organization, at no cost to the operator, to provide ongoing hands-on support and professional development. As a result of these provisions, operators did not have to invest capital to start a school.

To make staffing easier, the Institute negotiated arrangements with the Ministry to allow its teachers to join the new schools without immediately giving up their civil service protections. These arrangements lessened teachers' uncertainty about joining the new system.

Managing a very tight timeframe. The reform was implemented on a very fast timetable and established a number of new institutions and programs in its first few years. To meet the schedule, the programs and institutions had to be developed quickly and simultaneously, making project management a challenge and constraining everyone's flexibility for meeting other challenges. People hired to accomplish pressing tasks had little time to internalize the reform's vision and principles. Key spokespeople for the reform were sometimes unavailable for public communication because they were needed urgently for programmatic tasks or commitments outside the reform.

Conflicting leadership roles. Another challenge had to do with the roles and responsibilities of the many partners who came together to build the reform. The reform blueprint assumed that Institute leadership would rely heavily on outside experts at RAND and other contractors to make key decisions in the early stages of the reform. The Implementation Team would serve as a forum for resolving differences and overseeing decisions. Then, as capacity among the Institutes grew and developed, and as the principles of the reform became established in policy and everyday thinking, responsibility for decisionmaking would shift, over time, to the Institutes. But because this transition was not established in advance, there was confusion over the partners' roles and responsibilities. RAND's dual role of assisting in the implementation itself while monitoring its quality added to the complexity.

Collaborating across culture, distance, and time. Another challenge had to do with the complexities of implementing a reform of this scope. Foreign experts brought needed experience but sometimes had difficulty collaborating across culture, distance, and time to implement the reform's many programs. Tasks often called for collaboration and thus for meetings coordinated across many time zones. Difficulties in arranging travel also limited the flexibility of working relationships.

Recommendations

As members of the team that supported these efforts over four years, RAND researchers developed insight into what did and did not work and why. Based on their experiences in Qatar, as well as a more general knowledge of reform efforts elsewhere, the RAND team offers four recommendations for strengthening the reform as it moves forward:

- *Build more local capacity to manage the reform.* Increased expertise is needed in Qatar's teaching workforce and among the Institute staff. Non-Qatari specialists are likely to be required in the future, but it is important that they find the means to transfer knowledge to Qataris to build local human resources.
- *Continue to promote the principles of the reform.* The four principles of the reform—autonomy, accountability, variety, and choice—are new to education systems in this region. As a result, the SEC, Institutes, and schools should continue to promote and develop these principles in their organizational structures, personnel policies, and activities. It is particularly important to reinforce the principles of decentralized autonomy and accountability for results.
- *Expand the supply of high-quality schools.* The success of the reform's system-changing design rests partly on the establishment of high-quality Independent schools. Qatar should seek to attract

the best school operators without regard to nationality. In addition, the reform should support school operators as they develop and expand their visions of quality education.

- *Integrate education policy with broader social policies.* The education reform resides within a broader social, political, and economic system, which includes social welfare policies and a civil service system that guarantees employment for most Qataris. These broader policies must be aligned with the leadership's modernization objectives if the country is to achieve its vision.

Implications Beyond Qatar

For Qatar, this project offers the promise of greatly improved education for its children. As a result of the K–12 reform, many of Qatar's children are in learner-centered classrooms within improved facilities where better-trained teachers guide them in accordance with internationally benchmarked standards. As the reform progresses, these benefits should extend to more children.

In addition, because the reform has provided a rich data system and a variety of schooling options, Qatar now has the ability to examine education processes empirically, measure outcomes objectively, and implement improvements as needed. Beyond Qatar, international educators and researchers can use the data system to learn how effective the different approaches chosen by Qatari schools are and to apply this knowledge to other situations and other societies.

The reform's design and its implementation offer an example of an approach for developing a standards- and choice-based system, alongside a more traditional system, that holds the promise of improving education quality. Other countries can learn much from this example of institutional change and its implementation. Specific elements of Qatar's implementation, such as the tests and surveys developed and used, are likely to have broader relevance as other Arab countries modernize their education systems. Other Arabic-speaking countries could benefit from Qatar's experience either by adapting the instruments or by undertaking a similar process to develop instruments for their own education systems.

Some of the principles of this new reform are already spreading in the region. The emirate of Abu Dhabi in the United Arab Emirates recently adopted a strategy of public financing for private providers of education that is similar to that of Qatar. And the Secretary General of the GCC countries praised Qatar's initiative, especially its curriculum standards. Since these standards are the foundation for teaching, learning, and accountability, the Secretary General's praise, which was motivated by concern throughout the region about preparing students for later life, represents a major endorsement of the approach taken in Qatar.

The leadership of Qatar has embarked on a bold course to improve its education system. Qatar's example should serve to point the way for other countries to examine their own education systems, begin an improvement process, and incorporate some or all of this reform's principles into their plans for reform. The Qatar education reform and the strong interest it has elicited hold the promise that students in the region will be better prepared to think critically and to participate actively in their workforces and societies.

تعليم لمرحلة جديدة

وضع خطة لتطوير التعليم في قطر من رياض الأطفال حتى الصف الثاني عشر وتطبيقها

ملخص تنفيذي

دومينيك جي بروير . كاثرين إتش أوجستين . جيل إل زيلمان . جيري ريان
تشارلز آى جولدمان . كاثلين ستاز . لؤي كونستانت

تم إعداد هذا البحث للمجلس الأعلى للتعليم

تم اعتماده للنشر العام والتوزيع غير المحدود

معهد راند - قطر للسياسات

تم إعداد البحث الموضح في هذا التقرير للمجلس الأعلى للتعليم وقد تم إجراؤه في وحدة التعليم بمؤسسة راند ومعهد راند - قطر للسياسات، برامج مؤسسة راند.

بيانات فهرسة المنشورات بمكتبة الكونجرس

تعليم لمرحلة جديدة: وضع خطة لتطوير التعليم في قطر من رياض الأطفال حتى الصف الثاني عشر وتطبيقها/ دومينيك جي بروير ... [وآخرون].

حجم الصفحة
يشمل المراجع الببليوغرافية.
الترقيم الدولي -13: 978-0-8330-4007-7 (pbk. : alk. paper)
١. التعليم – قطر. ٢. التعليم والدولة – قطر. آي بروير، دومينيك جيه.

LA1435.E38 2006
370.95363—dc22
2006027019
ملخص تنفيذي
الترقيم الدولي 978-0-8330-4165-4

الصور الفوتوغرافية على الغلاف إهداء من المجلس الأعلى للتعليم ومدرسة عمر بن الخطاب المستقلة الثانوية للبنين ومدرسة الإسراء المستقلة الابتدائية للبنات.

تم النشر في ٢٠٠٧ بواسطة مؤسسة راند
1776 Main Street, P.O. Box 2138 ,Santa Monica, CA 90407-2138
1200 South Hayes Street, Arlington, VA 22202-5050
4570 Fifth Avenue, Suite 600, Pittsburgh, PA 15213-2665
موقع مؤسسة راند على الويب: /http://www.rand.org
لطلب الحصول على وثائق من مؤسسة راند أو للحصول على معلومات إضافية، الرجاء الاتصال بخدمات التوزيع: هاتف: ٢٠٠٢-٤٥١-٧ (٣١٠)،
فاكس: ٦٩١٥-٤٥١ (٣١٠)؛ بريد إلكتروني: order@rand.org

مقدمة

تنظر قيادة دولة قطر بمنطقة الخليج العربي إلى قضية التعليم على أنه المعبر إلى التقدم الاقتصادي والاجتماعي. وانطلاقًا من شعورها المستمر بالقلق إزاء نظام التعليم في الدولة الذي لا يدفع بكوادر طلابية مؤهلة بالقدر الكافي، بالإضافة إلى أنه نظامًا يعاني من الجمود وعدم مواكبة التطورات كما يقف حجر عثرة في طريق تحقيق الإصلاح المنشود، قامت القيادة القطرية في ٢٠٠١ بالاستعانة بمؤسسة راند لتقييم نظام التعليم بالدولة من مرحلة رياض الأطفال حتى الصف الثاني عشر ووضع توصيات بالخيارات المقترحة لإقامة نظام تعليم عالمي المستوى يتسق مع المبادرات القطرية للتطورات الاجتماعية والسياسية، مثل إتاحة فرص أكبر أمام المرأة. وبعد قبول خيار محدد يقضي بإجراء تطوير للنظام بأسره، طلبت القيادة من مؤسسة راند القيام بمزيد من التطوير لهذا الخيار ودعم تطبيقه. وهذا العمل الذي تواصل لأربعة أعوام، أتاح لمؤسسة راند فرصة فريدة ومثيرة لا تقتصر على متابعة عملية تطوير كبرى تبدأ من مستوى القاعدة فحسب، وإنما مكنها كذلك من المشاركة في هذه العملية.

ولإتاحة هذا العمل لقطاع عريض من الجماهير، تم إعداد ثلاث وثائق ذات صلة وهي:

- تقرير علمي: *Education for a New Era: Design and Implementation of K–12 Education Reform in Qatar*. هذه الوثيقة متاحة باللغة الإنجليزية تحت عنوان RAND MG-548-QATAR.
- ملخص تنفيذي: تعليم لمرحلة جديدة (*Education for a New Era*)، ملخص تنفيذي: وضع خطة لتطوير التعليم في قطر من رياض الأطفال حتى الصف الثاني عشر وتطبيقها (*Design and Implementation of K–12 Education Reform in Qatar*). وهذه الوثيقة متاحة باللغتين العربية والإنجليزية في غلاف واحد وتحمل عنوان RAND MG-548/1-QATAR.

- موجز بحث: نظام تعليمي جديد من مرحلة رياض الأطفال حتى الصف الثاني عشر في دولة قطر (*A New System for K–12 Education in Qatar*). هذه الوثيقة متاحة باللغة الانجليزية تحت عنوان RAND RB-9248-QATAR وباللغة العربية تحت عنوان RAND RB-9248/1-QATAR.

وهذه الوثائق الثلاث متاحة في إصدارات نصية كاملة على موقع مؤسسة راند: www.rand.org.

وتتعرض الدراسة العلمية للوصف التحليلي، استنادا إلى خبرة راند في هذا المجال للمرحلة الأولى من مبادرة تطوير التعليم في قطر من رياض الأطفال وحتى الصف الثاني عشر والتي تحمل اسم *Education for a New Era* (تعليم لمرحلة جديدة). وتتبع الدراسة المبادرة منذ بدئها في عام ٢٠٠١ حتى افتتاح الجيل الأول من المدارس الجديدة المستقلة في خريف عام ٢٠٠٤، كما تقدم تحديثا موجزًا لما تم من تطورات بعد هذا التاريخ. على أن هذا الوصف ليس كافيًا للإشادة بكافة الإسهامات التي قدمها العديد من القطريين والمؤسسات القطرية والمستشارين الدوليين والمتعاقدين ممن شاركوا في جهود التطوير الطموحة. ولذا، تركز هذه الوثيقة وتلخص خبرات جميع هؤلاء المشاركين في مجموعة من الموضوعات المختارة للمهتمين بالسياسات.

وتعد هذه المادة ذات أهمية خاصة بالنسبة لواضعي السياسات التعليمية والباحثين والعلماء المعنيين بسياسة التعليم وتطويره وتصميم النظام وتطوير المناهج والتقييم والتطبيق. علاوة على ذلك، ستكون مصدر إفادة للمهتمين بالتعليم ورأس المال البشري والتنمية الاجتماعية في الشرق الأوسط. ومرة أخرى، تجدر الإشارة إلى أنه لم يكن بالإمكان ذكر كافة التفاصيل التي تضمنتها جهود التطوير، أو الإشارة إلى جميع المشاركين فيها.

يمكن الحصول على معلومات أكثر تفصيلا من موقع الويب الخاص بالمجلس الأعلى للتعليم في قطر: http://www.education.gov.qa (نسخة باللغة العربية مع رابط لنسخة إنجليزية). كما تتوفر معلومات إضافية حول مشروع راند لدعم مبادرة تطوير التعليم على الموقع www.rand.org/education.

يعد معهد راند-قطر للسياسات (RQPI) ثمرة الشراكة بين مؤسسة راند ومؤسسة قطر للتربية والعلوم وتنمية المجتمع. ويهدف معهد راند-قطر للسياسات إلى تقديم أسلوب راند في التحليل الدقيق والموضوعي إلى الجهات المعنية بمنطقة الشرق الأوسط ككل. ويعتمد المعهد في تقديم خدماته الجهات المعنية في منطقة الشرق الأوسط على الموارد

المتخصصة التي توفرها مؤسسة راند. ولمزيد من المعلومات حول معهد راند-قطر للسياسات، الراجاء الاتصال بمديره د. ريتشارد داريلك. ويمكن الاتصال به من خلال البريد الإلكتروني على redar@rand.org؛ أو عبر الهاتف على الرقم ٧٤٠٠-٤٩٢-٩٧٤+: أو عبر البريد على صندوق بريد رقم ٢٣٦٤٤، الدوحة، قطر.

العمل المشار إليه هنا تم تنفيذه بواسطة وحدة RAND Education، وهي وحدة تابعة لمؤسسة راند، بتمويل من دولة قطر. ولمزيد من المعلومات حول هذا التقرير العلمي، يمكن الاتصال بدكتور تشارلز آى جولدمان، المدير المساعد بوحدة RAND Education. ويمكن الاتصال به عبر البريد الإلكتروني على العنوانcharlesg@rand.org، أو عبر الهاتف على رقم ٠٤١١-٣٩٣-٣١٠-١+، الرقم الداخلي ٦٧٤٨؛ أو عن طريق البريد على RAND Corporation, 1776 Main Street, Santa Monica, California 90401, USA.

ملخص تنفيذي

تنظر قيادة دولة قطر بمنطقة الخليج العربي إلى قضية التعليم على أنه المعبر إلى التقدم الاقتصادي والسياسي والاجتماعي نحو المستقبل، شأنها في ذلك شأن العديد من الدول الأخرى. وفي عام ٢٠٠١، أدرك قادة قطر الحاجة إلى تطوير يشمل النظام التعليمي بأكمله لتمكين قطر من الانطلاق نحو المستقبل. وتجدر الإشارة إلى أنه تمت المحاولة للقيام بالكثير من المبادرات المبتكرة للنهوض بالتعليم العام في الماضي، وقد حققت بعض هذه المبادرات نجاحاً محدودًا. غير أن القيادة رأت أن نظام التعليم الحالي في الدولة لا يدفع بكوادر طلابية مؤهلة بالقدر الكافي لتحقيق الإنجاز الأكاديمي المرجو والانتظام الدراسي بالجامعات والنجاح في سوق العمل. كما أرادت القيادة إدخال تغييرات على النظام التعليمي تتسق مع المبادرات الأخرى المعنية بالتطورات الاجتماعية والسياسية، مثل الاتجاه نحو دعم الحكم الديمقراطي وإتاحة فرص أكبر للمرأة.

وفي صيف عام ٢٠٠١، طلبت قيادة دولة قطر من مؤسسة راند دراسة نظام التعليم بالدولة من مرحلة رياض الأطفال حتى الصف الثاني عشر في قطر. وكانت مهمة راند تتمثل في الفحص الدقيق لنظام التعليم المدرسي القطري برمته، سواء كانت المدارس خاصة أو حكومية، في المستوى قبل الجامعي. وكان لمشروع راند الأولي أربعة أهداف:

١. استيعاب النظام القائم وتوصيفه.
٢. تحديد المشكلات ووصفه وصفًا دقيقًا.
٣. التوصية بخيارات إصلاح بديلة لتحسين النظام.
٤. وضع خطة لتطبيق الخيار المحدد للتطوير.

وقد أشارت التحليلات التي قامت بها مؤسسة راند إلى سبيلين أساسيين للتطوير وهما: تحسين العناصر الأساسية المكونة للنظام التعليمي عن طريق مبادرة تطوير التعليم الذي يعتمد على معايير قياسية لتحقيق هذا المسعى، مع وضع خطة للتعامل مع أوجه القصور في النظام على وجه العموم. كان القادة في دولة قطر على استعداد لتجربة حلول جذرية ومبتكرة، وأتاحوا لمؤسسة راند فرصة فريدة ومثيرة للمساعدة على تصميم وإقامة نظام تعليمي جديد. وبعد دراسة مجموعة متنوعة من خيارات التطوير، اختار المسؤولون في قطر نموذج المدرسة المرخصة، والذي يعرف بنموذج المدرسة المستقلة، ويهدف إلى تحسين مستوى التعليم في الدولة عن طريق وضع مجموعة متنوعة من البدائل للتعليم في مدارس تتباين رسالاتها ومناهجها والممارسات التعليمية فيها ونماذج توزيع الموارد بها.

ويصف هذا الملخص التنفيذي عملية التخطيط لتطوير نظام التعليم في مدارس قطر مع التركيز على السنوات الأولى لتطبيق خطة التطوير.

تقييم النظام الحالي

يقدم نظام التعليم في قطر خدماته لنحو ١٠٠,٠٠٠ طالب من مرحلة رياض الأطفال وحتى الصف الثاني عشر في وقت قيام راند بهذه الدراسة، حيث ينتظم ثلثا هذا العدد في مدارس تمولها الحكومة وتديرها. ومن خلال النظام شديد المركزية لوزارة التربية والتعليم، يتم الإشراف على كافة جوانب التعليم العام بالإضافة إلى العديد من جوانب التعليم الخاص. وقد تم تسجيل العديد من نقاط القوة في النظام الحالي. حيث لوحظ أن العديد من المعلمين يتميزون بالحماس والرغبة في تقديم تعليم عالي الجودة، كما أظهر البعض رغبة حقيقية في التغيير وتحقيق مزيد من الاستقلال. وعلاوة على ذلك، أظهر أولياء الأمور انفتاحاً في تلقي فكرة خيارات التعليم الجديدة. غير أن نقاط الضعف في النظام الحالي كانت كثيرة.

غياب الرؤية أو الأهداف للعملية التعليمية

عند تأسيس وزارة التربية والتعليم عام ١٩٥٠، كان الاهتمام الأول ينصب على إقامة نظام تعليمي يوفر التعليم المجاني للسكان الذين ترتفع بينهم نسبة الأمية. ولذا، كان تصميم النظام يتسم بالمركزية الشديدة، اقتداءً بالنموذج المصري، وقد حقق هذا النظام نجاحًا كبيرًا في توفير التعليم الأساسي الضروري للسكان وساهم في تحسين معدلات محو الأمية. غير أنه بمرور الوقت، قامت الوزارة بتوسيع النظام دون النظر في بنيته أو وضع مبادئ إرشادية لإدارته.

وقد تمت إضافة إدارات وإجراءات وقواعد وعمليات للنظام في إيقاع متباطئ دون دراسة النظام ككل. كما افتقرت الوزارة إلى المبادئ التنظيمية المستندة إلى أغراض واضحة، كما أن الهيكل الهرمي للإدارة لم يكن يدعم عمليات التحسين.

منهج دراسي عتيق لا يشحذ القدرات

تقوم الوزارة بتحديد المنهج المدرسي وتوفير كافة الكتب الدراسية. كما تزود المعلمين بدليل للمنهج ينبغي عليهم الالتزام به واستخدامه في تسجيل تفاصيل دقيقة عن كافة الدروس التي يتلقونها بشكل يومي. وقد اتسمت المناهج الدراسية في المدارس الحكومية (والعديد من المدارس الخاصة) بالقدم والتركيز على الاستظهار دون فهم، مما أدى إلى إصابة العديد من الطلاب بالملل وتراجع إمكانية التفاعل بين المعلمين والطلاب أو الطلاب مع بعضهم البعض. وقد عملت الوزارة على تحديث المنهج بشكل تراكمي ووفقًا لجدول يتسم بالجمود، حيث تتم دراسة ومراجعة كل مادة دراسية على مستوى مرحلة دراسية واحدة فقط كل عام. ومن هنا نجد على سبيل المثال، أن نصًا علميًا يُدرس للصف الخامس تتم مراجعته كل ١٢ عامًا تقريباً. ويكون على المعلمين الذين يرغبون في تقديم أمثلة أو تدريبات مختلفة الإنفاق من مالهم الخاص لتوفير أية مواد إضافية، ويظل المعلم بعدها مقيدًا بالخطة الموضوعة سلفًا لإلقاء الدروس. وانطوى ذلك فعليًا على إحباط القدرة على الإبداع.

غياب مؤشرات الأداء

رغم أن مسؤولية تدريس المنهج المقرر مركزيًا كانت منوطة بالمعلمين، فلم يكن هناك مسؤول عن أداء الطلاب، ولم تتم أية محاولة لربط أداء الطلاب بأداء المدرسة نفسها. وعلاوة على ذلك، لم تكن المعلومات الضئيلة المقدمة للمعلمين والمديرين حول أداء الطلاب تعني الكثير بالنسبة لهم حيث لم تكن لديهم صلاحية القيام بأية تعديلات في المدارس.

قلة الاستثمارات

وأخيراً، فبالرغم من أن دولة قطر تتمتع بدخل مرتفع للفرد، إلا أن حجم الاستثمار الوطني في مجال التعليم كان محدودًا. فكثير من المباني المدرسية كانت في حالة سيئة، والفصول مكدسة بأكثر من ٤٠ إلى ٥٠ طالبا وهذا العدد يزيد على ضعف طاقتها الاستيعابية.

كما افتقرت المدارس إلى الأجهزة الحديثة، مثل أجهزة الكمبيوتر وتقنيات التدريس الأخرى وكذلك التجهيزات الرئيسية.

يحصل المعلمون على مرتبات منخفضة وفرصًا ضعيفة من التطوير المهني. كانت الغالبية من المعلمين الرجال من الأجانب، ورغم أن متوسط مرتباتهم كان أعلى من مرتبات نظرائهم في المملكة العربية السعودية، فإنها كانت تقل بنسبة ٢٠ في المائة مقارنة بمرتبات المدرسين في دول مجلس التعاون الخليجي. وكان من الممكن نقل المدرسين من مدرسة لأخرى دون إخطار مسبق بوقت كاف ودون أية مشاورات، كما أنهم لم يحصلوا على التدريب اللازم.

تصميم النظام الجديد

كانت معظم نقاط الضعف التي يعاني منها النظام معروفة بالفعل داخل الدولة، كما أن محاولات التحديث السابقة، والتي نجحت في إدخال بعض التجديدات المحددة كانت تفتقر إلى الرؤية الثاقبة وإلى إستراتيجية تطبيق واضحة لتحسين النظام بأكمله.

كان من شأن بواعث الاهتمام الكثيرة المتعلقة بالنظام ككل مع ما سبق من إخفاقات في الماضي في إيجاد إصلاح مستدام أن دفعت نحو حلول لتغيير النظام إلى جانب خطة تطبيق واضحة المعالم. وكانت حلول تغيير النظام مناسبة لكونها تستتبع إنشاء هيئات جديدة لتوسيع نطاق الخدمات التعليمية المقدمة. وبالإضافة إلى ذلك، فإن هناك افتراضًا أساسيًا بشأن خطط تغيير النظام وهو أن الهيئات الجديدة ستحقق النتائج المرجوة وتعمل في الوقت نفسه كحافز للهيئات القائمة لدفعها لتحسين أدائها.

نظام يستند إلى معايير قياسية

أوصت مؤسسة راند بأنه وبغض النظر عن أي شيء آخر، لابد من اتخاذ العناصر التعليمية الأساسية لمكانها المناسب بالنظام المستند إلى معايير قياسية. وقد تمثل الاحتياج الأساسي الأكثر إلحاحاً في تبني معايير واضحة للمناهج التعليمية تنصب على النتائج المرجوة من التعليم. ولابد للمناهج التعليمية وعمليات التقييم والتطوير المهني بالنظام الجديد أن تتماشى جميعها مع هذه المعايير الواضحة، والتي سوف تغطي كلاً من المحتوى (ما يتعين أن يدرسه كل طالب في كل مرحلة دراسية) والأداء (ما الذي ينبغي أن يعرفه الطالب بحلول نهاية العام الدراسي).

على أن تلك المعايير ليس الغرض منها فرض أو اقتراح منهج دراسي بعينه، كما أنها لا تحدد كيفية نقل المعلومات والمهارات إلى الطلاب. وحرصًا على دعم التحسين المستمر في النظام المستند إلى معايير قياسية، فقد تضمنت خطة التطوير الدعوة لجمع البيانات التعليمية وتحليلها وتقديمها للجمهور.

هيكل الإدارة الجديد

يمكن إدارة هذه العناصر الأساسية لنظام يستند إلى المعايير القياسية، وهي المعايير والمنهج الدراسي وعمليات التقييم والتطوير المهني واستخدام البيانات، من خلال أنظمة إدارة مختلفة، تتنوع بين الأنظمة المركزية والأنظمة غير المركزية، ومن الخيارات المحدودة إلى مجموعة متنوعة من الخيارات والبدائل. وقد قدمت راند ثلاثة خيارات للإدارة إلى القيادة القطرية لمناقشتها وهي: نموذج مركزي معدل، يعمل على الارتقاء بالنظام الحالي والذي يدار بصورة مركزية وذلك بالسماح ببعض المرونة الإدارية على مستوى المدارس مع إمكانية اختيار أولياء الأمور للمدارس أو بدون هذه الإمكانية؛ ونموذج المدرسة المرخصة، والذي يشجع على التنوع من خلال إنشاء مجموعة من المدارس المستقلة عن الوزارة حيث يتيح لأولياء الأمور اختيار ما إذا كانوا يرغبون في إرسال أبنائهم إلى هذه المدارس؛ ونموذج الكوبونات، والذي يوفر لأولياء الأمور كوبونات خاصة بالمدارس حتى يتسنى لهم إرسال أبنائهم للمدارس الخاصة، حيث يسعى هذا النموذج إلى زيادة التعليم الخاص عالي الجودة في قطر. وقد قررت القيادة القطرية تبني الخيار الثاني والذي تم تعديله فيما بعد ومنحه اسمًا جديدًا وهو "نموذج المدرسة المستقلة".

ويركز نظام المدرسة المستقلة على المعايير والمناهج الدراسية وعمليات التقييم والتطوير المهني المنضبطة، مع تشجيع أربعة مبادئ وهي:

١. الاستقلالية. تعمل المدارس المستقلة بصورة ذاتية مع مراعاة الشروط المنصوص عليها في عقد محدد زمنياً.

٢. المحاسبية. تكون المدارس المستقلة مسؤولة أمام الحكومة، وهي خاضعة للمساءلة من خلال عمليات التدقيق الدورية وآليات تقديم التقارير وكذلك عمليات تقييم الطلاب وملاحظات أولياء الأمور وغير ذلك من الإجراءات.

٣. التنوع. يمكن للأطراف المهتمة التقدم بطلب للمشاركة في إدارة المدارس، وهناك خيارات عديدة في العملية التعليمية للانتقاء من بينها، حيث تتمتع كل مدرسة مستقلة بحرية تحديد الفلسفة التعليمية والخطة العملية الخاصة بها.

٤. حرية الاختيار. يتمتع أولياء الأمور بحرية اختيار المدرسة الأكثر ملاءمة لاحتياجات أبنائهم.

ويعد تبني هذه المبادئ أمرًا لافتًا، حيث يندر أن تتوفر مثل هذه المبادئ في الأنظمة التعليمية الحكومية بالمنطقة. وبتطبيقها معًا، تمثل هذه المبادئ أسلوبًا مختلفًا بشكل جوهري في تقديم التعليم.

خطة التطبيق

أعدت راند خطة مفصلة لتنفيذ نموذج التطوير المختار. وتقرر خطة التطبيق هذه ضرورة إنشاء أربع هيئات حكومية جديدة، ثلاث منها هيئات دائمة وواحدة مؤقتة بهدف المساعدة على تغيير الاختصاصات والسلطات داخل النظام وهي:

- المجلس الأعلى للتعليم (SEC). هو هيئة دائمة تهتم بمسؤولية وضع السياسة التعليمية الوطنية.
- هيئة التعليم. هي هيئة دائمة تهتم بمسؤولية الإشراف على المدارس الجديدة المستقلة وتخصيص الموارد لهذه المدارس، وكذلك تطوير معايير للمناهج الدراسية الوطنية في اللغة العربية والرياضيات والعلوم واللغة الإنجليزية، علاوة على وضع برامج تدريبية للمعلمين لضمان إيجاد معلمين مؤهلين للمدارس الجديدة.
- هيئة التقييم. هي هيئة دائمة تهتم بمسؤولية مراقبة أداء الطلاب والمدارس في المدارس التابعة للوزارة والمدارس المستقلة مع وضع وإدارة الاختبارات الوطنية في المواد الدراسية الأربع المذكورة آنفا، هذا بالإضافة إلى وضع وإجراء عمليات الاستقصاء للطلاب والمدرسين وأولياء الأمور ومديري المدارس، وإعداد "بطاقات تقرير الأداء المدرسي" السنوية، وإجراء دراسات خاصة حول المدارس ومدى تقدم عملية مبادرة تطوير التعليم مع إدارة النظام الوطني للبيانات التربوية.
- فريق التطبيق. هو هيئة مؤقتة تهتم بمسؤولية المساعدة في إنشاء المؤسسات الأخرى، كما تقوم بوظائف الإشراف والتنسيق وتقديم الاستشارات أثناء التحول إلى النظام الجديد.

وقد تم تصميم النظام الجديد بما يمكنه من العمل بالتوازي مع نظام الوزارة القائم (انظر الشكل ١). ولن يلحق كثير من التغيير بالعاملين بالوزارة والمدارس التي تديرها خلال السنوات الأولى من عملية مبادرة تطوير التعليم. وهكذا، يكون لأولياء الأمور قدرة حقيقية على الاختيار فيما يتعلق بإرسال أبنائهم إلى المدارس الجديدة أو إبقائهم في المدارس الخاصة أو التابعة للوزارة. ودعمًا للمرونة الإدارية، تمت مراعاة أن تكون الهيئتان الجديدتان أقل اعتمادًا على القواعد والتسلسل الهرمي مقارنة بالوزارة، وأن يكون طاقم العمل بهما صغيرًا نسبياً. وينبغي أن يحرص العاملون في الهيئات الجديدة على دعم التعاون والعمل الجماعي والإبداع الفردي وروح المبادرة والمساءلة الشخصية.

ويتألف الجدول الزمني لتنفيذ عملية التطوير من ثلاث مراحل مختلفة لكنها متداخلة (انظر الشكل ٢). ففي المرحلة الأولى، والتي كان مقرر لها أن تبدأ في خريف عام ٢٠٠٢، سيقوم فريق التنفيذ بإنشاء هيئتي التعليم والتقييم وتعيين الموظفين الرئيسيين بهما. وتبدأ الهيئتان والمكاتب التابعة لهما بعد ذلك في وضع البنية التحتية التنظيمية والسياسية اللازمة لدعم افتتاح المجموعة الأولى من المدارس المستقلة، كما سيتم إنشاء الكيان القانوني للمجلس الأعلى للتعليم والهيئات.

الشكل ١

بنية النظام التعليمي بدولة قطر

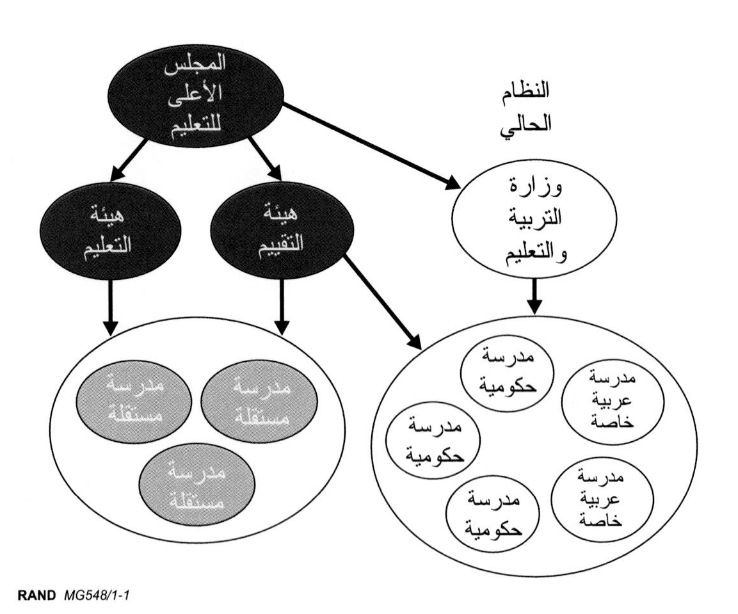

الشكل ٢
الجدول الزمني لمراحل تطوير التعليم المدرسي

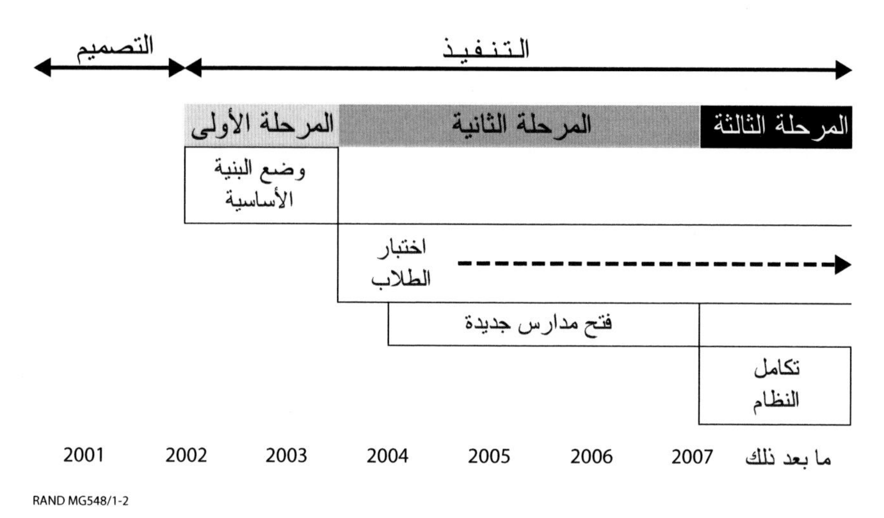

RAND MG548/1-2

وبالإضافة إلى ذلك، سيتم تطوير المقومات الرئيسية لدعم المبادرة وهي: معايير المناهج والاختبارات الوطنية القياسية ونظام وطني للبيانات التربوية.

كان من المقرر أن تبدأ المرحلة الثانية في مستهل عام ٢٠٠٤ مع أول إدارة وطنية لاختبارات الطلاب وعمليات استقصاءات التعليم المدرسي. ومن المقرر أن يفتح الجيل الأول من المدارس المستقلة أبوابه في سبتمبر ٢٠٠٤، ليكون شهر سبتمبر من كل عام موعداً لافتتاح جيل جديد من المدارس المستقلة. ويمكن أن تستغرق هذه المرحلة من ثلاثة إلى سبعة أعوام.

وبالنسبة للمرحلة الثالثة، فقد كانت تتضمن تكامل عناصر النظام الجديد. وفي هذه المرحلة، سيتعين على القيادة القطرية أن تحدد ما إذا كان النظام التعليمي بأكمله سيحافظ على بنيته المتوازية. ولاشك أن هذا القرار سيتوقف على مسار التطوير واستجابة الوزارة له.

تطبيق النظام الجديد

في عام ٢٠٠٢، بدأ القطريون في تطبيق عملية مبادرة تطوير التعليم. ويمكن وصف ما تم من إنجازات بشكل موجز من خلال أربعة جوانب.

بناء الهيكل التنظيمي

تمثلت الخطوة الأولى الضرورية لتطبيق عملية مبادرة تطوير التعليم في إنشاء إطار عمل مؤسسي للنظام التعليمي (انظر الشكل ١ أعلاه). ولكن يتوجب قبل تأسيس الهيكل التنظيمي إيجاد كيان قانوني معني بالتعريف الرسمي وتفويض الصلاحيات للهيئات المسؤولة عن صياغة السياسات التعليمية وبدء عملية مبادرة تطوير التعليم ومراقبة مسيرة العمل فيها.

وفقًا للقانون القطري، يتم سن التشريعات بموجب مرسوم أميري. وفي نوفمبر ٢٠٠٢، تم إصدار "مرسوم بقانون رقم (٣٧) لسنة ٢٠٠٢ بإنشاء المجلس الأعلى للتعليم وتعيين اختصاصاته"، مما مهد الطريق لبدء أنشطة تطوير التعليم. وبموجب هذا المرسوم، يقوم المجلس الأعلى للتعليم بالإشراف على هيئتي التعليم والتقييم، وبالتالي الإشراف على سير عملية مبادرة تطوير التعليم بأسرها. كذلك سيكون من اختصاص المجلس الإشراف على كافة المؤسسات التعليمية في قطر، بما في ذلك وزارة التربية والتعليم. وفي مارس من عام ٢٠٠٣، تم الإعلان العام عن إطلاق مبادرة تطوير التعليم تحت مسمى "تعليم لمرحلة جديدة"؛ واجتمع المجلس الأعلى للتعليم للمرة الأولى في ٣ مارس عام ٢٠٠٣.

وقد اضطلع فريق التنفيذ بوظيفة التنسيق المبكر بما لها من أهمية. غير أن الوتيرة المتسارعة لتطوير التعليم ونطاقه الواسع جعلا مهمة التعامل مع الجوانب العديدة للتنسيق مهمة صعبة وتستغرق الكثير من الوقت. لذا، فقد لوحظ في أبريل ٢٠٠٣، وبعد مضي ستة أشهر من عمل فريق التنفيذ، أن اجتماع الفريق أصبح عملية مرهقة للغاية ووافق المجلس الأعلى للتعليم على حل الفريق. وعقب ذلك، كان على مديري الهيئتين العمل مع المتعاقدين وطرح القضايا الكبرى التي تعترض مسار التطوير على المجلس الأعلى للتعليم.

وتجدر الإشارة إلى أن إنشاء هيئتي التعليم والتقييم قد تطلب القيام بأنشطة متعددة. حيث كان من الضروري إيجاد أشخاص مؤهلين وجديرين بالثقة لتولي الوظائف القيادية الرئيسية، ثم توظيف أفراد طاقم العمل بالهيئتين وإيجاد التجهيزات المطلوبة. كذلك كان على طاقم العمل في الهيئتين بمجرد توليهم لوظائفهم أن يتعاونوا مع راند لإكمال المهام الرئيسية ووضع عمليات للمهام الأخرى، مثل الاستعانة بمتعاقدين خارجيين.

تطوير معايير المناهج ودعم تطبيقها

كان وضع المعايير الخاصة بالمناهج التعليمية والتي تتسم بشحذها لقدرات الطلاب عنصرًا أساسيًا في التخطيط لعملية مبادرة تطوير التعليم. فتلك المعايير لم تكن تمثل الأساس لنظام تعليمي يستند إلى معايير قياسية فحسب، بل كان عليها أيضًا أن ترسم أفقًا للتوقعات المرجوة بخصوص تعليم الطلاب وأدائهم.

وتوصي الخطة بوضع معايير المحتوى والأداء في أربع مواد وهي: اللغة العربية واللغة الإنجليزية والرياضيات والعلوم. ولكونها اللغة الوطنية، كانت العربية اختيارًا واضحًا، بينما اعتبرت اللغة الإنجليزية هامة للاستخدام في سوق العمل ولإعداد الطلاب للتعليم بعد الثانوي في الخارج. وترجع أهمية الرياضيات والعلوم لتأكيد العالم الحديث على أهمية العلم والتكنولوجيا وكذلك لحاجة دولة قطر إلى المهندسين في صناعات البترول والغاز.

وفي مايو ٢٠٠٣، اختار فريق العمل بهيئة التعليم مع مؤسسة راند مركز CfBT (كان اسمه في ذلك الوقت Centre for British Teachers، وأصبح CfBT Education Trust الآن). وبعد وضع فرق عمل CfBT للمسودات، تم إسناد مراجعتها إلى خبراء مستقلين حيث قدموا ما لديهم من آراء بشأن المعايير النهائية.

تمتلك قطر اليوم معايير للمناهج التعليمية لمواد اللغة العربية والإنجليزية والرياضيات والعلوم للاثني عشر صفًا بأكملها. وهي تضاهي أعلى المعايير العالمية، وقد تم نشر المعايير الخاصة بمادتي الرياضيات والعلوم باللغة العربية والإنجليزية بما يجعلها متاحة للقائمين على العملية التعليمية. وتجدر الإشارة إلى المعايير الجديدة لمنهج اللغة العربية، والتي تركز على المهارات العملية لإتقان اللغة باستخدام نصوص من مجموعة متنوعة من المصادر.

ولا تحدد هذه المعايير المنهج الذي ينبغي على مدرسة مستقلة الالتزام به للوفاء بالمعايير الوطنية العالية. وتعد قدرة المدارس المستقلة على اختيار المنهج الدراسي الذي يناسبها واحدة من الطرق التي تعمل المعايير من خلالها على دعم اثنين من المبادئ الرئيسية للتطوير وهما الاستقلالية والتنوع. كما تدعم معايير المناهج التعليمية هذه مبدأ أساسيًا ثالثًا وهو المحاسبية، حيث إن الكثير من الأهداف التعليمية المحددة بواسطة المعايير لمختلف المواد الدراسية يتم قياسها عن طريق عمليات تقييم تعتبر جزءًا لا يتجزأ من نظام المحاسبية.

وضع نظام للتقييم

تتمثل إحدى مسؤوليات هيئة التقييم في وضع نظام تقييم واسع النطاق في قطر يسمح لأولياء الأمور بقياس أداء المدارس المختلفة، وفي الوقت نفسه يتيح لواضعي السياسات إمكانية مراقبة جودة الخدمة التعليمية التي تقدمها المدارس. وقد تم وضع نظام التقييم هذا، والذي عرف فيما بعد بالنظام القطري لتقييم الطالب لخدمة ثلاثة أغراض رئيسية وهي:

١. توفير المعلومات للجماهير حول أداء المدارس لتحفيز عمليات التحسين بها وتشجيع الاختيار الواعي للمدرسة من قبل أولياء الأمور.

٢. تزويد المدرسين بملاحظات لمساعدتهم في تعديل عملية التدريس بما يلبي احتياجات الطلاب.

٣. تزويد واضعي السياسات بالصورة العامة على المستوى الوطني لأداء الطلاب مقارنة بمعايير المناهج.

ويتألف التقييم من مكونين رئيسيين هما الاختبار القياسي وعمليات المسح.

الاختبار القياسي. تدعو مبادرة تطوير التعليم لإجراء اختبار قياسي في نهاية العام الدراسي بصفة سنوية للطلاب في الصفوف من الأول حتى الثاني عشر. وتعد عملية وضع اختبارات وطنية لمستويات الصفوف المختلفة مهمة هائلة وغير مسبوقة في تاريخ قطر.

وقد بدأ تطوير الاختبارات في المدارس، فيما يعرف بالتقييم التربوي الشامل لدولة قطر (QCEA) في عام ٢٠٠٣ باستقدام واضعي الاختبارات. وقد وقع الاختيار على مؤسسة Educational Testing Service (خدمة الاختبارات التعليمية) لوضع اختبارات اللغتين العربية والإنجليزية، فيما تم اختيار CTB لوضع اختبارات الرياضيات والعلوم.

وقد تم البت في عدد من الموضوعات المرتبطة بوضع الاختبارات في مرحلة سابقة. وقد قررت هيئة التقييم على ضوء دراسة تحليلية أجرتها راند أن التقرير سيشمل كافة الطلاب في الصفوف من الأول حتى الثاني عشر. كما تقرر أن تتم عمليات التقييم باللغة العربية فقط في الأعوام الأولى من عملية التطوير، على أنه مع بدء التقييم التربوي الشامل لدولة قطر لعام ٢٠٠٦، ستكون عمليات التقييم لمادتي الرياضيات والعلوم إما باللغة العربية أو الإنجليزية، وذلك وفقاً للغة المستخدمة في التدريس. ونظرًا لأن معايير المناهج لن تكون متوفرة عند إجراء الاختبارات الأولى، فقد تم تبني خطة مؤلفة من مرحلتين لوضع التقييمات وهما: الأدوات الأولية والأدوات كاملة التوافق.

وقد بدء التطبيق الميداني للتقييم التربوي الشامل لدولة قطر (QCEA) في ربيع عام ٢٠٠٤ لتوثيق مستويات الإنجاز قبل فتح المدارس المستقلة بموجب خطة التطوير. وتعد هذه هي المرة الأولى التي يتم فيها اختبار الطلاب القطريين في كافة الصفوف بالمدارس الممولة من الحكومة بطريقة منتظمة وقياسية. كما شمل الاختبار بعض المدارس الخاصة. وقد شارك في الاختبار حوالي ٨٥,٠٠٠ طالب في المدارس التابعة للوزارة والمدارس الخاصة التي تدرس باللغة العربية.

بعد ذلك تمت ترقية هذه الاختبارات وعمليات الاستقصاء وتكرر القيام بها في عامي ٢٠٠٥ و٢٠٠٦ كجزء من نظام المحاسبية المستمر. وقد عمل التقييم التربوي الشامل لدولة قطر لعام ٢٠٠٥ على ترقية أدوات الاختبار بطريقتين رئيسيتين: تم إعداد الاختبارات وفقًا لمعايير المناهج الدراسية التي تم الانتهاء منها حديثًا، حيث طرحت الاختبارات عددًا من صيغ العناصر والإجراءات الجديدة مثل الدفع بالمزيد من عناصر "الإجابة المركبة" (والتي تتطلب إجابات كتابية موجزة) وكذلك مهمة أداء تتطلب من الطلاب الاستماع واستخلاص المعلومات.

عمليات الاستقصاء. أثناء وضع الاختبارات، كان يجري تطوير عمليات الاستقصاء وأدوات الملاحظات الخاصة بالمدارس لاستكمال عمليات التقييم. وقد تعاقدت هيئة التقييم مع National Opinion Research Center (مركز بحوث الرأي الوطني) في جامعة شيكاغو لوضع عمليات الاستقصاء بالتعاون مع الهيئة وفريق العمل بمؤسسة راند.

في ربيع عام ٢٠٠٤، قام المعهد بإجراء عمليات الاستقصاء هذه على العديد من المعنيين بنظام التعليم من رياض الأطفال حتى الصف الثاني عشر، مثل الهيئة الإدارية والمديرين والمعلمين والأخصائيين الاجتماعيين والطلاب وأولياء الأمور. وتمثل تلك العمليات المحاولة المنظمة الأولى لتوثيق الملامح الرئيسية للنظام التعليمي في قطر، بما في ذلك ممارسات التعليم والتطلعات الخاصة بأداء الطلاب والآراء حول التعليم المدرسي. وقد تم استلام إجابات من ٢٣٢ مدرسة وأكثر من ٨,٦٠٠ مدرس وما يزيد عن ٦٨,٠٠٠ طالب في الصفوف من الثالث حتى الثاني عشر، وقرابة ٤٠,٠٠٠ من أولياء الأمور.

وفي مارس ٢٠٠٥، أي بعد أقل من ٣ سنوات من الإطلاق الرسمي لعملية التطوير، قام المجلس الأعلى للتعليم وهيئة التقييم بالإعلان عن النتائج الأولى لعمليات الاستقصاء والتقييم. وقد شهدت عمليات الاستقصاء تطويرًا وتكرارًا في عامي ٢٠٠٥ و٢٠٠٦. وجاءت استجابة المعنيين بالتعليم بأعداد كبيرة لعمليات الاستقصاء المتعاقبة، وهو ما أتاح بدء سلسلة زمنية قيمة من البيانات حول الجوانب ذات الأهمية في نظام التعليم القطري.

تأسيس المدارس المستقلة

في خريف عام ٢٠٠٣، بدأت هيئة التعليم في وضع المبادئ التوجيهية والسياسات الخاصة بالمدارس المستقلة مع اختيار المدارس وأصحاب التراخيص والإشراف على التجديدات للإعداد لافتتاح الجيل الأول من المدارس المستقلة في خريف عام ٢٠٠٤. وكما هو الحال مع الجوانب التنفيذية الأخرى في عملية التطوير، كان الجدول الزمني قصيرًا للغاية. وكان ذلك يعني افتتاح الجيل الأول من المدارس المستقلة بعد ثمانية أشهر ونصف الشهر من تحديد مجموعة من أصحاب التراخيص.

كانت هناك الكثير من المهام التي ينبغي إتمامها لتأسيس المدارس المستقلة. وتنوعت هذه المهام من وضع السياسات وآليات التمويل للمدارس الجديدة إلى تأسيس العمليات ذات الطبيعة المادية مثل إعداد المرافق المدرسية ليوم الافتتاح.

المبادئ التوجيهية. للمبادئ التوجيهية الخاصة بالمدارس المستقلة غرض مزدوج وهو: تشكيل السياسات والإجراءات اللازمة لإدارة المدارس المستقلة، وتوفير هيكل لعملية التقدم بطلب لفتح مدرسة وهيكل لتقارير أصحاب التراخيص المطلوبة بنهاية العام. وحرصًا على زيادة إمكانية التنوع والابتكار في المدارس الجديدة، تم وضع المبادئ التوجيهية لمنح المتقدمين خطوطا عريضة تساعدهم في وضع الخطط التعليمية لمدارسهم. ويتطلب طلب التعاقد تحديد العديد من المكونات لخطة شاملة للإدارة والتعليم بالمدرسة، بما في ذلك الهيكل الإداري وخطة مفصلة للمساءلة الأكاديمية والمالية، وخطة للتقييم الذاتي ونظام لإعداد التقارير المالية. ولابد أن تضم خطة التعليم بيان الرسالة ومعايير القبول والاختيار والسياسات الخاصة ببقاء الطلاب في نفس الصفوف أو التأهل منها، بالإضافة إلى شرح لخدمات دعم الطلاب.

آليات التمويل. في الوقت نفسه، عملت هيئة التعليم ومؤسسة راند معًا على وضع دليل للشؤون المالية لإعلام أصحاب التراخيص المرشحين بإجراءات توريد احتياجات المدارس ولمساعدتهم على وضع ميزانيات المدارس الخاصة بهم. وقد حدد دليل آليات تمويل المدارس، وتشمل مخصصات التمويل لكل طالب، وتمويل بدء التشغيل، بالإضافة إلى المنح الخاصة المحتملة. وتحصل كل مدرسة مستقلة على تمويل حكومي وفقا لعدد الطلاب المؤهلين مضروبًا في مخصصات التمويل لكل طالب،

ويزداد هذا التمويل وفقاً لمستوى التعليم العام (ابتدائي إلى إعدادي إلى ثانوي). ويمكن زيادة مبالغ التمويل عن طريق منح خاصة، يتم تقديمها لتلبية متطلبات المدارس والتي تتنوع بدءاً من معدات المعامل الخاصة إلى وسائل الانتقال.

الاستعانة بالمنظمات في دعم المدارس. قامت هيئة التعليم، بدعم من مؤسسة راند بالبحث في العالم بأسره عن المنظمات ذات الخبرة في المدارس المرخصة وإدارة التعليم والتي يمكنها أن ترسل فرقًا متخصصة في دعم المدارس لتعيش في الدوحة وتتعاون مع فريق العمل في المدارس المستقلة. وبعد عملية البحث على مستوى العالم، تعاقدت هيئة التعليم مع أربع من مؤسسات دعم المدارس وهي: Multiserve (نيوزيلندا) وMosaica (الولايات المتحدة) وCfBT (بريطانيا) وGesellschaft fuer Technische Zusammenarbeit (ألمانيا). وكان على كل من هذه المنظمات أن توفر عددًا كافيًا من الأفراد للعمل بالدوحة لمساعدة ومساندة أصحاب التراخيص في كافة جوانب التخطيط والتنفيذ حتى نهاية العام الأول من التشغيل.

اختيار المدارس وأصحاب التراخيص. قامت هيئة التعليم بالتعاون مع راند بوضع مجموعة من المعايير لاختيار عدد من مدارس الوزارة المرشحة لتكون بين الجيل الأول من المدارس. وقد استجاب متقدمون من أصحاب التراخيص بحماس شديد للدعوة التي تطالب بفتح المدارس المستقلة. وقد حددت هيئة التعليم أولئك المتقدمين لإدارة الجيل الأول من المدارس - الاثنتي عشرة مدرسة التي تم افتتاحها في خريف عام ٢٠٠٤ - من مجموعة بلغت ١٦٠ متقدمًا أوليًا، وقد تم افتتاح هذه المدارس جميعها بموجب عقود مدتها ثلاث سنوات قابلة للتجديد. وتمت الاستعانة بمركز Charter Schools Development Center (مركز تطوير المدارس المرخصة)، وهو منظمة مقرها الولايات المتحدة الأمريكية لعقد ورش تدريبية لمساعدة المرشحين على فهم المتطلبات المحددة في المبادئ التوجيهية الخاصة بالتقدم.

إعداد المرافق المدرسية. عملت هيئة التعليم خلال صيف عام ٢٠٠٤ على تجديد المرافق المدرسية لإعدادها ليوم الافتتاح. وقد تركز تطوير المرافق على تطوير المباني القديمة إلى جانب تزويدها بمعامل الكمبيوتر والمكتبات ووسائل الحماية ضد الشمس في المساحات المفتوحة.

استجابة أولياء الأمور نحو المدارس. تبين أن هذه المدارس معروفة جيدًا لدى أولياء الأمور، حيث كانت هناك قوائم انتظار لدى غالبية هذه المدارس تحتوي على أسماء الطلاب الراغبين في الالتحاق بها.

وكان هذا الطلب الكبير للحصول على أماكن في المدارس الجديدة هو السبب الذي دفع معظم أصحاب التراخيص إلى مطالبة هيئة التعليم بالحصول على إذن (وقد حصلوا عليه بالفعل) لزيادة قدرتهم لاستيعاب مزيد من الطلاب. وفي عام ٢٠٠٥، تم افتتاح ٢١ مدرسة مستقلة إضافية، وفي ٢٠٠٦، تم افتتاح ١٣ مدرسة أخرى.

التحديات

مع مبادرة تتسم بمثل هذا الطموح والسرعة، لم يكن هناك مفر من وجود بعض التحديات. وقد كان الكثير من هذه التحديات متوقعًا، غير أن بعضها قد برز أثناء العملية.

الحفاظ على منظور شامل للنظام. تمثل أحد التحديات الرئيسية المستمرة في تركيز اهتمام الجميع على التغييرات المترابطة بين جوانب النظام بأسره، وخاصة بعد زيادة عدد الموظفين والمتعاقدين. وقد راعى تصميم عملية التطوير هذا التحدي، ودعا المجلس الأعلى للتعليم وفريق التنفيذ لتحمل المسؤولية فيما يتعلق بهذه الاعتبارات الأكثر أهمية. وفي هذا الشأن، عمل المجلس الأعلى للتعليم (على المستوى الشامل) مع فريق التنفيذ (على مستوى العمل) على تنسيق المهام ومراقبة التقدم الذي تم تحقيقه وتحديد الحاجة إلى تصحيح المسار أثناء تنفيذ العملية. وعندما تم حل فريق التنفيذ بعد أن أصبح يمثل عبئًا كبيرًا بالنسبة لأعضائه، افتقدت العملية إلى آلية هامة ومفيدة للحفاظ على توافق برامج التطوير المتعددة مع الرؤية الأصلية.

بناء قدرة الموارد البشرية. تشير الدراسات الخاصة بالتطبيق إلى افتقاد القدرة كعائق أساسي في طريق النجاح. وتمثل قضية القدرة إشكالية أكبر في قطر عما هو معتاد لكون معظم المتخصصين في التعليم بها كونوا خبرتهم من خلال نظام الوزارة فقط، مما يعني اعتيادهم على مبادئ مختلفة للغاية عما تتطلبه المبادرة. وقد تم تشجيع بعض عناصر التعليم على ترك الوزارة والتكيف مع مبادئ المبادرة والحصول على دعم مستمر من أجل تشجيعهم على اتباع طرق جديدة في العمل. علاوة على ذلك، كانت هناك حاجة إلى الخبرة المتخصصة غير المتاحة في قطر من أجل تطبيق بعض مكونات عملية التطوير، بما في ذلك برنامج للاختبار القياسي واسع النطاق وكذلك لوضع معايير المناهج.

وقد حاول تصميم خطة التطوير وإستراتيجية التطبيق التعامل مع هذه القيود بطريقتين: من خلال الإشارة لضرورة أن تكون مستويات البنية الهرمية للمجلس الأعلى للتعليم والمؤسسات أقل عددًا، والتأكيد على أهمية توظيف قيادات قوية لإدارة عملية التطوير. كما أكدت الإستراتيجية على أهمية التطوير المهني للمعلمين وفرق العمل بالمدارس، ذلك التطوير الذي يحتاجون إليه للعمل وفقاً لمبادئ مبادرة تطوير التعليم.

ورغم أن كل واحدة من هذه الإستراتيجيات كانت ناجحة أثناء التنفيذ، فقد تأثر جانبان من الإستراتيجيات بالتعداد السكاني الصغير لقطر وهما: الحاجة إلى توظيف أطقم العاملين والمتعاقدين من دول العالم لملء الوظائف المتخصصة، كما كانت عملية جذب الخبرات الكافية من الخارج لملء كافة الوظائف اللازمة تمثل تحديًا كبيراً.

إشراك المعنيين من خلال التواصل. نظرًا للطموح والنطاق الواسع اللذين اتسمت بهما المبادرة، كانت مهمة توصيل الرؤية الخاصة بالتطوير إلى الدوائر العديدة المعنية بالنظام التعليمي مهمة صعبة. وفي مراحل التطبيق الأولى، قام المجلس الأعلى للتعليم بإنشاء مكتب اتصال واستعان بشركة أمريكية، Lipman Hearne، في مجال الاتصالات لوضع إستراتيجية وخطة للاتصالات. وقام مكتب الاتصال بالعديد من الأنشطة، وتشمل إنشاء موقع ثنائي اللغة على الإنترنت وإرسال سلسلة من الخطابات إلى أولياء الأمور وتوزيع منشورات مثل التقرير السنوي عن إنجازات مبادرة تطوير التعليم وبيانات صحفية حول التطورات الرئيسية وأحداث عامة وإعلامية.

غير أن هذه الأنشطة كان يعوقها عدد قليل للغاية من المتحدثين بلسان مبادرة تطوير التعليم، خاصة في البداية. فقد كانت قيادات المبادرة مشغولة في البداية بالعديد من المهام الخاصة ببرامجها، وبالتالي لم يكن لديهم متسع من الوقت للتواصل مع الجماهير. وبالإضافة إلى ذلك، فإن أعضاء المجلس الأعلى للتعليم كانوا يعملون دون تفرغ وكانت لهم مسؤولياتهم الهامة في قطاعات أخرى من المجتمع القطري. وبمرور الوقت، ازداد اهتمام قيادات المبادرة بالتواصل مع الجماهير وبدأوا في حضور الأحداث العامة والتحدث إلى وسائل الإعلام. كما ساهم مكتب الاتصال بإضافة منتجات جديدة لتوفير معلومات حول تقدم مبادرة تطوير التعليم وإثبات ضرورة التطوير لتحسين المستوى التعليمي لدى الطلاب.

تشجيع مسؤولي الإدارة على افتتاح المدارس. أثمر الإعلان الأول لطلب مسؤولين لإدارة المدارس عن ١٨٠ طلبًا، تمت دعوة ٦٠ من أصحابها إلى جلسات التوجيه. ودلت هذه الاستجابة على أن فكرة تشغيل مدارس مستقلة تحظى باهتمام ملحوظ. ولم يكن التحدي متمثلاً في إيجاد الأعداد الكافية من أصحاب التراخيص، ولكن في ضمان أن من يقع عليهم الاختيار لديهم من المهارات والمثابرة والخطط ما يلزم للنجاح.

وقد واجهت هيئة التعليم تحديًا مستمرًا تمثل في سعيها لتشجيع ودعم أصحاب التراخيص، الذين كان غالبيتهم يفتقر إلى خبرة سابقة في إدارة المدارس. وللحد من العوائق التي تعترض افتتاح أية مدرسة، تحملت الهيئة مسؤولية تحديد أبنية المدارس وتجديدها وفقا للمعايير الحديثة للعملية التعليمية. كما قامت بتوفير بعض الاعتمادات المالية للبدء في تعويض نفقات أصحاب التراخيص قبل تشغيل مدارسهم. وقد تم ربط كل مسؤول إداري بإحدى مؤسسات دعم المدارس، دون تحمل المسؤول لأية تكلفة، وذلك الدعم العملي والتطوير المهني. ونتيجة لهذه المزايا، لم يكن هؤلاء المسؤولون بحاجة إلى استثمار رؤوس الأموال لبدء تشغيل مدرسة.

ولتسهيل عملية توظيف طاقم العمل، قامت الهيئة بمناقشة مجموعة من الترتيبات مع الوزارة للسماح لمدرسيها بالانضمام إلى المدارس الجديدة دون أن يكون عليهم التنازل عن امتيازات الخدمة المدنية. وكان لهذه الترتيبات الفضل في الحد من مخاوف المدرسين فيما يتعلق بالالتحاق بالنظام الجديد.

العمل في إطار زمني ضيق للغاية. كان تطبيق مبادرة تطوير التعليم يتم في ظل جدول زمني سريع للغاية وتم تأسيس عدد من الهيئات والبرامج الجديدة في الأعوام الأولى القليلة منه. ولملاحقة هذا الجدول الزمني، كان يجب أن يتم تأسيس الهيئات ووضع البرامج على نحو سريع ومتزامن، مما جعل إدارة المشروع تواجه تحديًا بالغًا ودفع الجميع لبذل قصارى جهدهم لمواجهة التحديات الأخرى. ولم يكن أمام الأشخاص الذين تمت الاستعانة بهم لإنجاز المهام العاجلة سوى القليل من الوقت لاستيعاب الرؤية الخاصة بالمبادرة ومبادئها. كما لم يتواجد المتحدثون الرئيسيون باسم مبادرة تطوير التعليم في بعض الأحيان للتواصل مع المجتمع فيما يخص الجهود المبذولة نظرًا للحاجة الملحة لقيامهم بالمهام الخاصة ببرامج التطوير أو للوفاء بالتزامات أخرى.

تعارض الأدوار القيادية. كان هناك تحد آخر تمثل في أدوار ومسؤوليات الكثير من الشركاء القائمين على مبادرة تطوير التعليم. فوفقًا لمخطط التطوير الأولي، فإن المفترض من قيادة الهيئات أن تعتمد بشكل مكثف على الخبراء الأجانب في مؤسسة راند والمتعاقدين الآخرين لاتخاذ القرارات الرئيسية في المراحل الأولية من المبادرة. وكان فريق التنفيذ بمثابة منتدى لحل أوجه الخلاف والإشراف على القرارات. وبعد ذلك، ومع تنامي الاختصاصات لدى الهيئات وترسخ مبادئ المبادرة في السياسات والتفكير اليومي، فإن مسؤولية اتخاذ القرار ستتحول مع الوقت إلى الهيئات نفسها. ولكن نظرًا لأن هذا التحول لم يكن قد تم التخطيط له مسبقا، فقد كان هناك نوع من التخبط بشأن أدوار الشركاء والمسئوليات المنوطة بهم. وقد أسهم الدور المزدوج لمؤسسة راند في عملية التطبيق ذاتها ثم في مراقبة الجودة في زيادة التعقيد.

التعاون عبر حواجز الثقافة والمسافة والوقت. كان هناك تحد آخر تمثل في التعقيدات المرتبطة بتطبيق عملية التطوير بهذا الحجم. فرغم أن الخبراء الأجانب ساهموا في سد النقص في الخبرات المحلية، فقد كانت هناك بعض الصعوبات في التعاون عبر حواجز الثقافة والمسافة والوقت لتنفيذ برامج المبادرة العديدة. وكانت المهام تتطلب التعاون طوال الوقت وهو ما كان يستدعي التنسيق لعقد اجتماعات عبر مناطق زمنية متعددة. كما أن صعوبات الانتقال أدت أيضًا إلى الحد من المرونة في علاقات العمل.

التوصيات

بوصفهم أعضاء بالفريق الداعم لهذه الجهود على مدار أربع سنوات، وضع الباحثون في مؤسسة راند رؤية حول ما ينبغي عمله وما لا ينبغي عمله والأسباب الدافعة لذلك. واستنادًا إلى خبراتهم في قطر، وكذلك انطلاقًا من معرفة عامة أوسع نطاقًا بجهود تطوير التعليم في أماكن أخرى، قدم فريق راند أربع توصيات لتعزيز مبادرة تطوير التعليم مع تواصل مسيرتها، وهذه التوصيات هي:

- بناء قدرات محلية أكبر لإدارة مبادرة تطوير التعليم. هناك حاجة لزيادة حجم الخبرة في قطاع المعلمين بدولة قطر وكذلك لدى طاقم العاملين في الهيئات. ومن المرجح أن تكون هناك حاجة للاعتماد على أخصائيين غير قطريين في المستقبل ولكن من الأهمية بمكان أن يجد هؤلاء الأخصائيون وسائل لنقل المعرفة للقطريين لضمان تنمية موارد بشرية محلية.
- الاستمرار في تعزيز مبادئ تطوير التعليم. مبادئ تطوير التعليم الأربعة التي تتمثل في الاستقلالية والمحاسبية والتنوع وحرية الاختيار هي مبادئ جديدة في أنظمة التعليم في المنطقة. ونتيجة لذلك، يتوجب على المجلس الأعلى للتعليم والهيئات والمدارس أن تستمر في العمل على تعزيز وتطوير هذه المبادئ في الهياكل التنظيمية الخاصة بهم، وكذلك في السياسات الفردية والأنشطة. ومن الأمور الهامة على نحو خاص تعزيز مبادئ الاستقلالية اللامركزية والمحاسبية عما تحقق من نتائج.
- زيادة العدد المتاح من المدارس عالية الجودة. يرتكز نجاح تصميم النظام المتغير الخاص بمبادرة تطوير التعليم بشكل جزئي على إقامة مدارس مستقلة عالية الجودة. وينبغي أن تسعى قطر لجذب أفضل أصحاب التراخيص بصرف النظر عن جنسيتهم. علاوة على ذلك، يجب أن تدعم المبادرة أصحاب التراخيص في وضع مقترحاتهم وتوسيعها فيما يتعلق بجودة التعليم.

- تكامل سياسة التعليم مع سياسات اجتماعية أكثر شمولاً. تكمن عملية تطوير التعليم في نظام اقتصادي وسياسي واجتماعي أشمل، والذي يتضمن سياسات الرعاية الاجتماعية ونظامًا للخدمات المدنية يضمن فرص توظيف لمعظم مواطني دولة قطر. ويجب أن تتفق هذه السياسات الأكثر شمولاً مع أهداف التحديث التي تتبناها القيادة إذا ما كانت الدولة تتطلع لتحقيق رؤيتها.

آثار تتجاوز دولة قطر

بالنسبة لقطر، يمثل هذا المشروع وعدًا بنظام تعليمي على درجة عالية من الجودة لأبنائها. ونتيجة لعملية تطوير التعليم من روضة الأطفال وحتى المرحلة الثانية عشرة، يدرس حاليًا العديد من أبناء دولة قطر في فصول تضع مهارات ومعارف الدارسين في بؤرة اهتمامها، وذلك في منشآت متطورة تضم معلمين مدربين بشكل أفضل لتولي مهمة إرشاد الطلاب بما يتماشى مع المعايير المتعارف عليها عالميًا. ومع تقدم عملية مبادرة تطوير التعليم، يجني مزيد من الطلاب ثمارها.

بالإضافة إلى ذلك، وبالنظر إلى ما وفرته عملية مبادرة تطوير التعليم من نظام بيانات غني وخيارات التعليم المدرسي المتنوعة، تتمتع قطر الآن بالقدرة على فحص العمليات التربوية على شكل بحثي وقياس النتائج بموضوعية وتطبيق التحسينات المطلوبة. وخارج قطر، يمكن لعناصر التعليم والباحثين حول العالم استخدام نظام البيانات لمعرفة مدى فعالية الأساليب المختلفة التي اختارتها المدارس القطرية وتطبيق هذه المعرفة على حالات ومجتمعات أخرى.

ويمثل تصميم مبادرة تطوير التعليم وتطبيقها نموذجًا لأسلوب تأسيس نظام يقوم على المعايير وحرية الاختيار، إلى جانب نظام أكثر تقليدية، وتحمل هذه المبادرة وعدًا بتحسين جودة التعليم. ويمكن للبلدان الأخرى أن تتعلم الكثير من هذا النموذج الخاص بالتغيير المؤسسي وكيفية تطبيقه. ويرجح أن يكون لعناصر محددة في عملية تطبيق تطوير التعليم بقطر، مثل الاختبارات وعمليات الاستقصاء، أهمية أوسع نطاقًا للدول العربية الأخرى في سعيها لتحديث أنظمتها التعليمية. ويمكن لبلدان أخرى تتحدث العربية الاستفادة من التجربة القطرية سواء عن طريق تبني الأدوات أو عن طريق القيام بعملية مماثلة لتطوير أدوات تتناسب مع الظروف الخاصة بأنظمتها التعليمية.

وتنتشر بعض مبادئ عملية تطوير التعليم الجديدة هذه في المنطقة بالفعل. وقد تبنت إمارة أبوظبي في الإمارات العربية المتحدة مؤخراً إستراتيجية للتمويل العام لموفري خدمة التعليم الخاص المناظر لمثيله في قطر. وقد أثنى الأمين العام لمجلس التعاون الخليجي على مبادرة قطر، خاصة فيما يتعلق بمعايير المناهج الدراسية بها. ونظراً لأن هذه المعايير تمثل الأساس لعمليات التعليم والتعلم والمسئولية، فقد كان الثناء الذي أبداه الأمين العام، والذي دفع إليه الاهتمام بإعداد الطلاب للمستقبل، بمثابة إقرار تام للمنهج الذي تم تبنيه في قطر.

لقد سلكت القيادة في قطر طريقاً تحفه التحديات في سبيل تحسين نظامها التعليمي. ينبغي أن يكون النموذج القطري بمثابة منارة للدول الأخرى تدعوهم لدراسة أنظمة التعليم لديها والبدء في عملية التحسين مع دمج بعض أو كافة مبادئ المبادرة هذه في خططهم الرامية للتطوير. إن عملية تطوير التعليم في قطر والاهتمام الكبير الذي حازته قد مثلت وعداً لطلاب المنطقة بأنهم سيكونون أفضل استعدادًا للتفكير في المواضيع الحاسمة والمشاركة النشطة في القوى العاملة ببلدانهم ومجتمعاتهم.